NOTICE

SUR

M. JEAN-CHARLES MOREAU

CHANOINE TITULAIRE

DE L'ÉGLISE MÉTROPOLITAINE DE PARIS

PAR

UN DE SES CONFRÈRES DU CHAPITRE

PARIS

E. DE SOYE ET FILS, IMPRIMEURS

5, PLACE DU PANTHÉON, 5

1875

NOTICE

SUR

M. JEAN-CHARLES MOREAU

CHANOINE TITULAIRE

DE L'ÉGLISE MÉTROPOLITAINE DE PARIS

I

Jean-Charles Moreau naquit à Messas, près Beaugency, diocèse d'Orléans, le 4 août 1788, de parents pauvres et ayant besoin de leur travail pour vivre, mais profondément chrétiens et restés surtout très-fidèles à toutes les pratiques de la religion. Ils avaient eu un premier fils, qui était mort en bas-âge; celui-ci était le second et fut le dernier. Ils le formèrent avec soin à la crainte de Dieu et à l'amour des cérémonies de l'Eglise. Le curé de la paroisse ne tarda pas à le distinguer et l'admit au nombre de ses enfants de chœur, parmi lesquels il se fit bientôt remarquer par ses heureuses dispositions et la beauté de sa voix. Sa famille l'avait placé en même temps chez un modeste instituteur du pays, qui n'enseignait guère qu'à lire, à écrire et à compter. On raconte, du petit Moreau, à cette époque, un trait qui le peint tout entier et dénote son application et la fidélité de sa mémoire. Son maître d'école ayant rapporté d'une manière inexacte un fait ou une parole de l'Evangile, le jeune élève se leva et lui dit avec vivacité : « Monsieur, ce n'est pas comme ça », et courant prendre son livre, il lui montra, preuves en mains, qu'il se trompait. Nous ne savons si le brave homme lui en garda rancune, ou si plutôt il ne lui témoigna pas plus d'affection et d'intérêt. Nous inclinons vers cette dernière conjecture.

Quoi qu'il en soit la Providence vint en aide, et parut visiblement préparer les voies, au futur ministre du sanctuaire. Parmi les familles qui habitaient Messas, il y en avait une qui devait devenir chère à l'Eglise de Paris : la famille Desjardins. Cette famille comptait alors parmi ses membres un docteur de Sorbonne, déjà connu, M. l'abbé Philippe-Jean-Louis Desjardins, d'abord vicaire général de Bayeux, puis doyen de la collégiale de Meung. Arrêté tout à coup dans sa carrière par la persécution religieuse, il fut forcé d'émigrer en 1792. Il passa en Angleterre et y obtint une mission du gouvernement pour le Canada où il se fit aimer par les heureuses qualités qui le distinguaient. De retour dans sa patrie, quelque temps avant le Concordat, il fut nommé en 1802, curé des Missions-Etrangères, à Paris. Il fit dans cet intervalle plusieurs visites à sa famille à Messas. Y étant venu, une année, avec M. Olivier, mort évêque d'Evreux et son intime ami, ils furent tous les deux frappés de l'intelligence et de la piété du servant de messe qu'on leur avait donné et qui n'était autre que le jeune Moreau. Ils résolurent en conséquence, avant de partir, de l'emmener avec eux et de le faire élever dans un bon établissement de Paris. Le voilà donc, ce petit paysan, comme il se qualifiait lui-même, qui n'avait rien vu, qui n'était jamais sorti de son village, le voilà subitement transporté dans la grande ville, au milieu de toutes les splendeurs et des merveilles qui la décorent! Qu'on juge de son étonnement, de son admiration, en présence d'un spectacle si nouveau!...

Toutefois, une note écrite de sa main et qui nous a servie à fixer certains point douteux, nous apprend qu'il n'y resta qu'un an ou deux, et qu'il revint continuer ses études classiques auprès de M. l'abbé Duval, curé à Avaray, à quelques lieues de chez lui. Ce digne prêtre, contraint comme tant d'autres, pour échapper à la mort pendant la Terreur, de s'expatrier, ou de chercher quelque part un asile plus ou moins sûr, avait pris ce dernier parti. Il se dirigea tout droit vers la capitale, espérant pouvoir s'y mieux cacher que partout ailleurs dans la foule, *ce vaste désert d'hommes*, et pour s'y créer des moyens d'existence, il se fit marchand de *vieux habits et vieux galons*. Cet humble métier qu'il exerçait, assure-t-on, avec un naturel et une aisance qui trompaient tout le monde, non-seulement lui sauva la vie, mais encore le mit à même de réaliser des économies qui lui permirent, aux premiers jours de calme, d'aller fonder, à Avaray, un pensionnat pour les jeunes gens de la contrée. Il y recevait de préférence, à des conditions très-favorables, ceux qui avaient des dispositions pour le sacerdoce, et même gratuitement, lorsqu'ils étaient pauvres. C'est sans doute à ce titre que le jeune Moreau y fut admis; nous en avons une preuve touchante dans le souvenir affectueux et reconnaissant que lui garda son ancien élève (1).

Soit qu'on ne dépassa pas la troisième dans l'établissement de M. l'abbé Duval, soit que le sage directeur jugeât que le moment était venu pour Charles d'être placé dans un milieu plus ecclésiastique, il lui obtint une bourse au petit séminaire d'Orléans. Il avait quatorze ans, quand

---

(1) M. l'abbé Duval est mort en disant la messe, en 1824 ou 1825, âgé de 66 ans et laissant pour toute fortune à ses héritiers une mémoire honorée et bénie.

il y entra, et trois ans après, il y terminait avec succès ses humanités, ainsi que sa philosophie, et il recevait la tonsure le 21 septembre 1805. Il commença ensuite son cours de théologie; mais au bout de l'année, ayant été saisi d'une grande incertitude sur sa vocation, il se décida, pour l'éprouver et la mûrir davantage, à passer quelque temps dans le monde.

Par la protection du poëte Delille, à qui sans doute il avait adressé des vers, car il aima et cultiva de bonne heure les muses, soit latines, soit françaises, et par celle de M. l'abbé Desjardins qui ne lui fit défaut en aucune circonstance, il entra dans l'instruction publique et fut successivement professeur dans divers colléges de l'Université jusqu'en 1810. A cette époque, un commissaire des guerres de son pays, nommé Michaud, lié avec son père et peut-être même son parent, l'engagea à le suivre en Italie et le conduisit à Fiume où il avait sa résidence. Il y demeura près de trois ans lui servant de secrétaire, s'occupant en ses loisirs de littérature et de poésie. Il y apprit l'italien et l'allemand et visita la Croatie, la Dalmatie, l'Istrie, ainsi que la Carniole. Il parlait aussi très-souvent des séjours qu'il avait faits dans la jolie ville de Trieste. C'est là sur les bords de l'Adriatique et en face de la poétique Venise qu'il se perfectionna dans la langue du Dante et du Tasse. Il en possédait les meilleurs auteurs dans sa bibliothèque, et il se plaisait, dans l'occasion, à en citer de longs fragments.

Les événements de 1813 l'appelèrent en Allemagne. Dès son arrivée à Erfurt, il fut nommé secrétaire de l'Ordonnateur Hattot-Rosière et l'année suivante, adjoint aux commissaires des guerres, sous les ordres du général d'Alton, gouverneur de la place. En 1814, lors de la rentrée de la garnison en France, il reçut avec le titre de capitaine le commandement d'une compagnie d'ouvriers, d'environ deux cents hommes, appartenant aux divers corps de l'armée, et ne la quitta qu'après l'avoir ramenée à Strasbourg, où tous furent licenciés.

Le jeune officier n'était pas un ennemi des Bourbons; mais, comme toute sa génération, il les connaissait peu. Ce ne fut que plus tard, et après qu'il eût été à même de mieux apprécier les vertus de cette noble famille et le bonheur qu'elle aurait pu assurer à la France, qu'il s'attacha étroitement à elle et resta un de ses plus fidèles partisans. Cependant, au moment des Cent-Jours, en présence des dangers qui menaçaient le sol de la patrie; il ne put résister à l'appel du général Bernard, aide-de-camp de Napoléon; et il alla avec lui rejoindre son régiment à Waterloo. Il fit preuve dans cette terrible journée, comme tous ses camarades, d'une intrépidité et d'un sang-froid qui lui valurent de justes éloges. La mort, qui moissonna tant de victimes, l'épargna; Dieu le réservait pour d'autres desseins. Il rentra en effet dans la vie privée, se remit à ses études, et ayant retrouvé à Paris un de ses anciens condisciples M. Delaporte, il donna avec lui des leçons particulières. Il prit également sa part du mouvement littéraire qui se manifesta d'une manière si brillante et si féconde dans les premiers temps de la Restauration, en donnant de loin en loin quelques articles aux journaux et aux recueils les plus estimés ; mais la pensée de sa vocation ecclésiastique se réveillait de temps en temps dans son âme, surtout à la suite d'une bonne et sérieuse confession qu'il s'était hâté de faire. Il ne la repoussait point d'une manière absolue, il flottait seulement entre deux courants contraires.

Il revit aussi à Paris M. l'abbé Desjardins, qui venait d'être nommé vicaire général de S. Em. le Cardinal de Talleyrand-Périgord et de qui il reçut le plus paternel accueil. Il le consulta sur son désir de se faire prêtre. Le vénérable archidiacre s'abstint d'exercer la moindre influence sur sa détermination et voulut le laisser complétement à lui-même. Un dernier incident vint faire pencher la balance. On lui avait déjà offert, dit-on, plusieurs partis avantageux ; il s'en présenta un nouveau et c'est au moment où on le pressait de donner une réponse, qu'il sortit de toutes ses hésitations et qu'il entra, en 1821, au séminaire de Saint-Sulpice.

II

Admis au séminaire à l'âge de trente-trois ans, après une existence bien différente, dont il sut cependant toujours éviter les trop faciles écarts, l'abbé Charles Moreau gagna promptement l'estime et l'amitié tant des maîtres que des élèves. A la tête des premiers étaient alors : le vénérable M. Duclaux, M. Garnier, M. Carrière, etc. Chacun d'eux lui voua une affection qu'il leur rendit avec usure, toute sa vie, en vénération et en reconnaissance. Voici comment il parle des dignes fils de M. Olier dans un ouvrage que nous ferons connaître plus loin : « Ce « que je regrette le plus de ne pas voir ici (à Avignon), ce sont les « sages et pieux Sulpiciens, directeurs du séminaire, pour lesquels « j'ai des lettres, et que j'aurais tant de douceur à entretenir un mo- « ment, eux toujours si doux et si simples en même temps que maîtres « parfaits. »

Quant à ses condisciples, ils demeurèrent tous ses amis. C'était pour lui une véritable fête, lorsqu'il lui était donné de les revoir ou d'en avoir des nouvelles. La plupart le précédèrent dans la tombe et il n'en perdit jamais aucun sans lui donner ses plus vifs regrets. Ces regrets il les éprouvait aussi profondément à la fin qu'au milieu de sa longue carrière de quatre-vingt-sept ans, car ni l'âge, ni les infirmités n'avaient en rien émoussé sa sensibilité et la tendresse de son cœur.

Il fut promu aux Ordres-Mineurs le 21 décembre 1822, aux sous-diaconat et diaconat le 24 mai 1823 et enfin à la prêtrise le 12 juin 1824.

Au moment de son ordination, le curé de Saint-Denis-du-Saint-Sacrement, qui le connaissait, le demanda et l'obtint pour son vicaire, mais ses supérieurs ayant eu besoin de lui, quelques jours après, pour remplir les mêmes fonctions dans la paroisse de Notre-Dame-des-Victoires, l'y nommèrent. Quelques personnes lui proposèrent d'intercéder auprès d'eux pour les faire revenir sur cette décision. « Non, non, s'écria le nouveau prêtre, je ne veux faire que la volonté de Dieu, qui m'est exprimée par celle de mes chefs. » Ce sentiment de respect et d'obéissance envers l'autorité fut toujours le caractère distinctif de M. l'abbé Moreau. Il vécut sous six archevêques et on aurait de la peine à dire auquel il fut le plus dévoué, depuis Mgr de Quélen jusqu'à S. Em. le Cardinal Guibert.

De Notre-Dame-des-Victoires, M. Moreau fut placé à la Métropole; il y resta dix-huit ans. « J'ai pu, disait-il souvent, à l'époque du choléra, visiter et administrer de douze à quinze cents malades : c'est la plus belle époque de ma vie. » Cette paroisse fut toujours sa paroisse de prédilection, il y contracta de douces et durables amitiés. Aussi s'estima-t-il très-heureux, lorsque vingt ans plus tard il y revint comme membre du chapitre. Il avait commencé dès son vicariat, et il continua dans la suite sur la vieille basilique, un travail remarquable qui est resté inédit. Il se félicitait du concours empressé que lui avait prêté pour cela l'érudit M. A.-P.-M. Gilbert, auteur lui-même d'une Monographie de Notre-Dame devenue rare. Il réalisa aussi pendant son vicariat de Notre-Dame, en 1836, son second voyage en Italie, qu'il avait depuis longtemps à cœur. « J'avais parcouru autrefois la haute, la riche Italie, écrit-il dans la relation qu'il nous en a donnée; mais l'Italie classique, l'Italie savante et lettrée, l'Italie religieuse surtout, Rome, Florence, Naples, je ne les connaissais que par les livres, et ces livres, que pouvaient-ils, sinon ajouter encore à mes regrets de ne l'avoir point vue. » Rien n'égale le bonheur et l'enthousiasme qu'il éprouva dans ce voyage. Il en a consigné les impressions et les souvenirs dans un volume qui a eu deux éditions et qui aujourd'hui encore, même après tous les ouvrages publiés sur ce sujet peut servir comme d'un excellent guide (1). Il le rédigea d'abord en forme de lettres adressées à une noble famille avec laquelle il était lié, mais il le refondit ensuite et lui donna sa forme actuelle. En 1840, Mgr de Quélen le nomma chanoine honoraire de sa cathédrale. Il fut enfin transféré à la cure de Saint-Médard, le 1er janvier 1843. M. l'abbé Moreau se montra là comme partout ailleurs prêtre plein de zèle et de désintéressement. Les pauvres, les enfants surtout excitèrent sa plus vive sollicitude. Se souvenant de ce que la Providence avait fait pour

---

(1) *Mes vacances en Italie*. Un volume in-12, chez Bray, libraire, à Paris.

sa propre éducation, il ne négligea rien pour faire élever le plus grand nombre possible d'enfants du peuple. Il fut activement secondé dans cette bonne œuvre par la sœur Rosalie, de sainte et admirable mémoire. Nous avons un nouveau témoignage de ce particulier intérêt pour l'enfance et la jeunesse, dans le don qu'il a fait d'une belle et vaste maison (1) pour fonder à Messas, son pays natal, une école de filles dirigée par des religieuses (2), et dans un legs de 1,000 fr. fait à l'école des garçons du même lieu.

Les labeurs du saint ministère qu'il plaçait avant tous les autres devoirs n'absorbèrent pas néanmoins tout son temps. Il composa, pendant qu'il était curé de Saint-Médard, sous le titre de *Liturgie du dimanche*, un second ouvrage dans lequel les âmes chrétiennes peuvent trouver un aliment à leur piété. C'est une série d'instructions, embrassant toute la journée du dimanche, depuis le lever jusqu'au coucher, expliquant les divers Offices, le sens des cérémonies et faisant ressortir tout ce que le culte catholique renferme de beau et d'édifiant (3).

Nous ne nous arrêterons pas davantage sur les vingt années que M. Moreau passa à Saint-Médard. Nous ne pouvons cependant omettre de mentionner encore sa nomination de chevalier de la Légion d'honneur, le 6 avril 1854, et celle de membre de l'Institut historique dont l'illustre Historien des Croisades était alors le président.

En 1862, avant même que le poids de l'âge ne lui eut rendu ses fonctions de pasteur trop pénibles, le curé de Saint-Médard sollicita et accepta avec reconnaissance un canonicat titulaire qui lui fut offert par Son Eminence le Cardinal Morlot. Il vint, tout joyeux, reprendre sa stalle d'honneur dans ce Chapitre qui le connaissait et l'estimait depuis longtemps. Celui qui dicte ces lignes, dans la douloureuse impuissance où il est de les écrire lui-même, n'avait guère fait qu'entrevoir jusques

(1) Cette maison était celle qui avait appartenu à la famille Michaux que M. Moreau avait suivie en Italie. Il eut donc un double plaisir à en faire l'acquisition, d'abord en souvenir de cette famille qui était devenue la sienne et ensuite à cause de la pieuse destination qu'elle devait recevoir.

(2) M. le Curé actuel de Messas à qui nous avons demandé des renseignements sur la fondation de cette école, nous a fait l'honneur de nous adresser une très-bonne lettre dont nous extrayons le passage suivant :

« ... Voulant seconder l'idée de la famille Desjardins qui avait laissé une somme de 18 à 20,000 fr. pour établir une école de filles gratuite, M. Moreau s'entendit avec les MM. Locatelly, l'un curé de Passy, et l'autre curé de Lailly, canton de Beaugency, lui, fournissant une maison, et les autres les rentes pour l'entretien. L'établissement des Sœurs existe donc depuis huit ans et marche aussi bien que possible. Le pasteur et les ouailles n'ont que les plus grandes actions de grâces à rendre à M. le chanoine Moreau pour le service qu'il a rendu à la paroisse de Messas. Aussi, tous les jours, les petites filles et leurs maîtresses ne manquent pas de faire une prière pour leurs bienfaiteurs. (Messas, 8 juillet 1875, Barbot, curé). »

(3) Un volume in-12, chez Bray.

là son nouveau confrère. Il lui fit de temps en temps quelques visites et se sentit aussitôt attiré vers cette nature sympathique, expansive, aimante. Devenu plus tard son plus proche voisin, il le vit beaucoup plus souvent et fut à même d'apprécier ce qu'il y avait en lui de franc et d'affectueux. Il le trouvait toujours gai, toujours aimable, toujours plein de courtoisie et de cœur. Esprit cultivé et doué d'une excellente mémoire, M. Moreau était d'un commerce et d'un entretien extrêmement agréables. Il avait beaucoup lu, beaucoup retenu et se tenait encore au courant des publications modernes les plus importantes. Il avait connu et fréquenté les écrivains et les hommes célèbres de son temps. Indépendamment de M. Charles Nodier qu'il avait rencontré dans les provinces illyriennes et avec lequel il se plaisait à reparler des traditions et des sites de ces pittoresques contrées, il eut les meilleurs rapports avec M. de La Mennais, le R. P. Lacordaire, Mgr Gerbet, l'abbé Caron, dom Guéranger, Montalembert, les principaux professeurs du Jardin des Plantes et les familles Quatremère de Quincy, Sylvestre de Sacy, etc., et il se plaisait à faire participer à ces douces et honorables relations ceux de ses amis de province qui venaient à Paris. La littérature profane ne lui avait point fait négliger les livres Saints, les Pères de l'Eglise, ni les auteurs ascétiques. Il en faisait au contraire sa principale lecture. Il ne manquait aucun jour de se nourrir de la vie des saints, et il est mort en lisant et relisant sans cesse une traduction en vers du Livre de Job, qui n'est pas assez connue et qui le remplissait d'admiration : celle de M. Levasseur, publiée en 1826.

Retenu loin des assemblées capitulaires durant les deux ou trois dernières années, M. le chanoine Moreau continuait à s'intéresser à tout ce qui s'y passait. Lors de la réorganisation du Chapitre sur des bases plus conformes au droit canonique, selon le vœu du concile provincial de Paris de 1849, loin de se montrer opposé aux nouveaux statuts, il les approuva et s'en réjouit comme d'un honneur fait au vénérable corps dont il se glorifiait de faire partie. Il en fut de même pour le changement de rite. Quoique attaché à la Liturgie parisienne, dans laquelle il avait été élevé, et bien qu'il se trouvât dans le cas d'une légitime dispense à cause de son âge, il n'hésita point à l'abandonner et à prendre le Bréviaire romain, désirant, disait-il, mourir avec ce livre dans ses mains et cette prière sur ses lèvres. Son amour et son dévouement pour la sainte cause et pour la personne de Pie IX ne connaissaient point de bornes. Les larmes lui venaient aux yeux, quand il lisait ses admirables discours et qu'il apprenait les grands événements et les faits merveilleux de cet immortel pontificat.

Les maux de la patrie et les persécutions de l'Eglise émouvaient vivement son cœur. Que de fois nous l'avons entendu s'écrier : « Mon Dieu, mon Dieu ! vous seul pouvez nous sauver et vous le ferez, si nous ne nous en rendons pas indignes, car vous êtes le tout-puissant, le juste, le miséricordieux par excellence ! » Il aimait également à répéter ces paroles : *Omnia per Christum, in Christo, et cum Christo*, et il ajoutait presque toujours : *in Maria et cum Maria*.

Sa charité n'était inférieure ni à sa foi ni à sa confiance en Dieu. Bon pour les personnes qui l'entouraient, il prenait aussi une large part à toutes les quêtes et à toutes les bonnes œuvres et ne refusait jamais aucun de ceux qui réclamaient ses secours et son assistance. Son testament contient plusieurs legs pieux, entre autres, celui de sa riche bibliothèque à l'église de Saint-Médard et de généreuses fondations de services et de messes pour le repos de son âme.

III

M. le chanoine Moreau était doué d'un tempéramment robuste et jouissait d'une brillante santé ; mais il fut atteint, un peu avant d'arriver au Chapitre, d'une tumeur catarrhale qui mit à plusieurs reprises ses jours en péril et qui devait finir par nous l'enlever. Pour conjurer les effets de cet ennemi opiniâtre et insidieux, ses médecins l'envoyèrent, quatre ou cinq ans de suite, passer la mauvaise saison dans le Midi et sous le beau ciel de Nice. Il en revenait ordinairement très-bien portant, et en quelque sorte rajeuni. Le dernier voyage le fatigua néanmoins beaucoup et il fut condamné à rester tout l'hiver, dans son lit ou dans sa chambre. Aussi n'osa-t-il plus s'exposer aux dangers d'une si longue route et se borna-t-il à quelques mois de villégiature dans les environs de Paris. Bientôt il fut réduit à ne plus pouvoir quitter son appartement même pour aller célébrer ou entendre la sainte messe : C'était pour son cœur de prêtre une bien grande privation, un bien pénible sacrifice. Il s'en dédommageait en se faisant apporter aux principales fêtes et souvent dans la semaine, la sainte communion qu'il recevait toujours avec la plus touchante ferveur et la piété la plus tendre. Ces jours-là étaient vraiment pour lui des jours de consolation et de bonheur qui édifiaient tous ceux qui en étaient témoins. Des crises terribles de son catarrhe revenaient de temps à autre alarmer ses confrères. Dans une de ces crises, Mgr l'Archevêque accourut auprès du vénérable malade et lui apporta sa bénédiction et ses paternels encouragements. Le 5 mai dernier, veille de l'Ascension, M. Moreau se trouva beaucoup plus mal ; il demanda aussitôt et reçut avec sa pleine connaissance et en répondant d'une voix ferme aux prières liturgiques, les derniers sacrements de l'Eglise, qui lui furent administrés par M. l'Archiprêtre, en présence des membres du Chapitre qui avaient pu se réunir. Une double circonstance a marqué cette cérémonie déjà si touchante en soi. Le nouvel archiprêtre de Notre-Dame, M. l'abbé de Geslin, avait été le successeur de M. Moreau dans la cure de Saint-Médard. Il avait pu juger par lui-même du bien qu'il y avait fait et des précieux souvenirs qu'il y avait laissés. Il venait ensuite d'arriver de Rome, rapportant de la part du Saint-Père, une bénédiction toute spéciale et une indulgence plénière, *in articulo mortis*, pour chaque membre du Chapitre et du clergé de la Métropole. Il dit donc au cher malade, qu'il était le premier à profiter de ces grâces spirituelles et qu'il allait lui donner la bénédiction du Souverain-Pontife. Mais avant, il le pria de vouloir bien le bénir le premier comme un père bénit son fils, et s'étant mis à genoux, le vénérable vieillard le bénit avec effusion de cœur.

Les trois ou quatre jours qu'il vécut encore, furent des jours de souffrances et de pénible agonie, pendant lesquels sa patience, sa résignation, sa vive foi ne se sont pas un seul instant démenties. Lorsqu'on l'exhortait à avoir confiance en la miséricorde divine et à se remettre entièrement entre les bras de Notre-Seigneur Jésus-Christ et de la sainte Vierge, il répondait sur le champ : « *Oh! oui, toujours!* » et il faisait un geste qui exprimait le plus complet abandon. Un de ses confrères qui était venu le visiter dans la journée du dimanche, se retirant en lui disant : « Au revoir, » il leva les yeux au ciel comme pour lui dire qu'ils ne se reverraient plus que là-haut, et que c'était sa plus douce espérance.

C'est dans ces saintes dispositions que le pieux malade rendit doucement son âme à Dieu, le jour même de la fête patronale de son ancienne paroisse, emportant la vénération et les regrets de tous ceux qui l'ont connu.

Ses funérailles ont eu lieu le mercredi, 12 mai, au milieu d'un nombreux concours de prêtres et de fidèles parmi lesquels, tous les frères des Ecoles chrétiennes de Notre-Dame et de Saint-Médard, et plusieurs religieuses. L'Archevêché était représenté par M. l'Archidiacre de Saint-Denis et MM. les secrétaires. Un certain nombre de curés de Paris étaient aussi venus donner ce dernier témoignage de leur estime et de leur affection à leur ancien collègue. Quant au Chapitre, il était au complet. On remarquait enfin dans le sanctuaire, un prélat oriental, Mgr l'Archevêque de Damas, qui étant venu visiter la cathédrale et apprenant qu'on allait rendre les derniers devoirs à un chanoine, avait tenu à honneur d'assister la cérémonie.

Après la levée du corps faite par M. le Doyen du Chapitre, M. l'Archiprêtre a chanté la messe et fait l'absoute ; et le convoi s'est dirigé vers le cimetière, suivi des nombreux amis du défunt, profondément émus et recueillis. C'est ainsi que se vérifie chaque jour cette divine et consolante parole : que la mort des justes est douce et précieuse devant Dieu, *pretiosa in conspectu Domini mors sanctorum ejus.*

Paris. — E. DONNAYE et FILS, imprimeurs, place du Panthéon, 5.

www.ingramcontent.com/pod-product-compliance
Lightning Source LLC
Chambersburg PA
CBHW070436080426
42450CB00031B/2672